LE CONSEIL
DE DISCIPLINE,

CHARGE - PARADE
EN VERS,

Par M. C....

REPRÉSENTÉE A PARIS ET DANS LES DÉPARTEMENS,
sur tous les théâtres où la farce se joue.

LILLE,
LELEUX, IMPRIMEUR - LIBRAIRE, GRANDE PLACE.

DUNKERQUE,
BRONNER - BAUWENS, LIBRAIRE, RUE DE L'ÉGLISE.

=

1822.

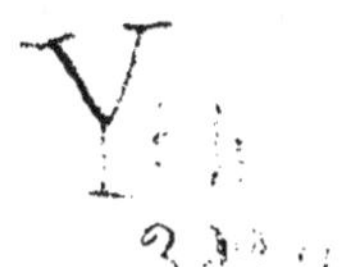

<p style="text-align:center">~~~~~~</p>

PERSONNAGES.

LE PRÉSIDENT du Conseil.

L'ADJUDANT-RAPPORTEUR.

LE CAPITAINE.

LE LIEUTENANT.

LE SERGENT.

LE CAPORAL.

LE SAPEUR, Perruquier.

CADET BUTEUX, Maçon, Fusilier.

Un Planton.

Des Gendarmes.

La scène se passe au Conseil de discipline de la garde nationale de

IMPRIMERIE DE LELEUX, GRANDE PLACE, A LILLE.

LE CONSEIL
DE DISCIPLINE,

CHARGE - PARADE.

*(Les Membres composant le Conseil sont réunis,
prêts à ouvrir la séance. On n'attend plus que le
Sapeur chargé de porter les ordres. Enfin, il arrive
en toute hâte.)*

LE PRÉSIDENT (regardant à sa montre.)

Monsieur le perruquier, vous arrivez trop tard ;
Savez-vous bien qu'il est dix heures moins un quart ?

LE SAPEUR (s'excusant avec respect.)

Mon épouse m'a fait deux fils la nuit dernière,
Monsieur ; pardonnez-moi, c'est l'erreur d'un bon père.

LE PRÉSIDENT (fâché.)

Chaque fois avec vous c'est quelque événement,
Baptême, mariage, ou bien enterrement :
Moi, j'ai tout sur le dos ; aussi, malgré mon zèle,
Déjà le régiment ne bat plus que d'une aile.
Je vous reproche enfin beaucoup trop de froideur ;
Vous ne ferez jamais qu'un blanc-bec de sapeur ;
Jamais vous ne venez faire la théorie.

4

LE SAPEUR (très-humblement.)

Eh! je fais la pratique; excusez, je vous prie.
On ne peut pas courir deux lièvres à la fois :
Ça me rapporte mieux quand vient la fin du mois.
Si les têtes étaient comme en l'ancien régime!
Alors de mon état on faisait quelque estime;
Les grenadiers d'alors étaient poudrés à blanc,
Et je faisais la queue à tout un régiment.
Ce tems heureux n'est plus.... il reviendra peut-être.

LE PRÉSIDENT.

Ami, vous plaisantez; ce tems ne peut renaître,
Où l'officier français, désertant son donjon,
A la gloire volait en ailes de pigeon.
Nous avons, dieu merci, l'air bien plus militaire....

LE PLANTON.

Monsieur, le monde attend.

LE PRÉSIDENT (fièrement.)

     C'est son devoir, j'espère.
Ils ont une boutique, et ces petites gens
Voudraient que pour cela nous fussions diligens.
Cependant, aujourd'hui je vais dîner en ville;
Finissons promptement, l'affaire est très-utile.
Voyons, tout est-il prêt? les plantons sont-ils mis?
  (Au Sapeur.)
Attachez votre barbe et vos grands favoris;
Ce n'est plus le moment d'avoir de l'indulgence.
Messieurs, asseyez-vous; commençons la séance.
Quelques mutins voudraient nous mettre en discrédit;
Je sais de bonne part que de nous chacun rit :

5

Nous en ferons justice. Allons, lisez la liste,
Monsieur le rapporteur.

L'ADJUDANT-RAPPORTEUR.

Louis, André, Baptiste
Tous assez bons enfans.

LE PRÉSIDENT.

Vous pensez?

LE RAPPORTEUR.

Je le crois.

LE PRÉSIDENT.

Il nous faudra pourtant les punir une fois.
Continuez.

LE RAPPORTEUR (lisant.)

François....

LE SERGENT (se levant.)

Ce jeune homme est le frère
Du parrain d'un bâtard de mon apothicaire.
Si vous vouliez....

LE PRÉSIDENT.

J'entends, il vous touche de près;
Nous n'en parlerons pas. Voyons, qui vient après?

LE RAPPORTEUR.

Cadet Buteux, maçon, fusilier dans le centre;
C'est un récalcitrant.

LE PRÉSIDENT.

Planton, dites qu'il entre.
J'ai le pressentiment qu'il sera condamné.

LE CAPITAINE.

Vous avez bien raison, car c'est un obstiné;
Cela se voit de suite à l'air de son visage.
Comme il entre au conseil! c'est plus hardi qu'un page.
(On introduit Cadet.)

LE PRÉSIDENT.

Approchez, accusé. Quoi! sans permission,
Vous fuyez vos drapeaux et la procession!
Parlez; sur ce délit qu'avez-vous à nous dire?

CADET (souriant)

C'est-il bien vrai, monsieur, ça n'est-il pas pour rire?

LE PRÉSIDENT.

Apprenez, mon ami, qu'on ne plaisante pas,
Lorsque l'on doit juger de pareils attentats.

CADET.

Je n'ai pas fait, je pense, un bien grand sacrilége.
On me disait toujours : Il faut voir ce cortége.
Quel luxe! quelle pompe! avec ces gros pompiers,
Et ces petits chasseurs, et ces grands grenadiers!
Pour le tambour-major, on n'est pas plus bel homme;
Il a de l'or partout : sa canne à grosse pomme
Voltige dans les airs comme un joujou d'enfant.
Après vient la musique, et c'est là du ronflant,
Un tapage infernal à vous casser la tête.
Aussi de les entendre on se fait une fête.
S'ils viennent à passer, de satisfaction
Au poste on ne veut plus rester en faction.
Quant à l'état-major, il est tout magnifique;
Personne pour crier ne lui ferait la nique;

On les croirait quasi des officiers vivans :
Co me ils sont déguisés sous leurs habillemens !
On s'imagine voir de vieilles épaulettes ;
Alte! ouvrez donc vos rangs! croisez les baïonnettes!
Ils se démènent tant des jambes et des bras,
Qu'on ne saurait pas mieux jouer *petits soldats.*
   Ceux-ci, c'est autre chose : ah ! ça, pour la tenue,
Il n'est rien de plus beau, ça réjouit la vue.
Quelques-uns, à vrai dire, ont l'air un peu benêt;
D'autres ne passent pas devant un cabaret
Sans faire un demi-tour pour boire une rasade.
Oh ! c'est qu'ils sont bons-là ; ce n'est rien. ..

LE PRÉSIDENT (avec dignité.)

Camarade,
Pour vous défendre ici, sans de plus longs discours,
Dites-nous vos moyens et quels sont vos recours.

CADET.

Monsieur le président, c'était donc pour vous dire
Qu'il n'en fallait pas tant, ma foi, pour me séduire.
Je n'ai pu résister à voir un tel tableau,
Et j'ai voulu jouir d'un spectacle si beau.
J'ai fait faire une lettre, et dessus une adresse;
Avec ce peu de mots : *Le jour de la karmesse,*
Pour la procession, voulez-vous me laisser,
Une fois, capitaine, aller vous voir passer?
J'aurais bien du plaisir, monté dessus les bornes,
A vous voir en chapeau sur la tête à trois cornes.

LE RAPPORTEUR (indigné.)

Trois cornes, président, c'est trop séditieux.
Ah ! ne souffrez donc pas ces discours odieux.

LE PRÉSIDENT (à part au Rapporteur.)

Laissez-le s'embrouiller, son affaire est plus claire.

CADET.

C'est pour vous dire aussi qu'on serait en colère.
Vous devriez compter mon zèle d'autrefois,
Quand par hasard je manque au service une fois

LE LIEUTENANT (avec enthousiasme.)

Rien ne doit arrêter pour servir la patrie;
A la procession j'irais toute ma vie.

LE PRÉSIDENT.

Monsieur Cadet Buteux, enfin vous nous lassez.
Le Conseil....

CADET.

Mais monsieur....

LE PRÉSIDENT.

Taisez-vous, c'est assez.

(A l'assemblée.)

De quoi punirons-nous ce soldat indomptable?

TOUT LE CONSEIL se lève et s'incline profondément.

De tout ce qui pourra vous paraître agréable.

LE CAPORAL (bas au Président.)

Monsieur le président, je suis dans mon métier,
Comme on peut vous le dire, assez bon ouvrier.
J'ambitionne fort d'avoir votre pratique.

LE PRÉSIDENT (souriant.)

Oui-dà! demain matin j'irai voir ta boutique.

9

LE CAPORAL (se levant et avec véhémence.)

C'est un mauvais sujet, c'est un récalcitrant,
Ce n'est pas d'aujourd'hui qu'on en est mécontent.

TOUS.

C'est vrai, c'est vrai, c'est vrai.

CADET.

Jarni ! que je me damne.

LE PRÉSIDENT.

Ma foi, pour en finir, messieurs, je le condamne
A l'unanimité, qu'il s'en aille en prison.

CADET (tout en colère.)

Pour m'être dispensé de la procession !
Mais ce serait plutôt au curé de se plaindre ;
Je n'ai pas cru de vous pareille chose à craindre.
Et que prétendez-vous avec de tels arrêts ?
Voulez-vous nous donner la guerre en temps de paix,
Soldats du pape ?....

LE PRÉSIDENT (impatienté.)

Allons, puisqu'il est en colère,
Gendarme, ouvrez ici la porte de derrière,
Vous le ferez de suite entrer dans la prison.

CADET (exaspéré.)

Il ne vous manquait plus que cette trahison....

LE PRÉSIDENT (noblement.)

Gardes, qu'on le saisisse, et s'il faut qu'on le traîne.

(Les Gendarmes emmènent Cadet.)
(Le Président s'essuie le front.)

Nous avons eu du mal, et j'en suis hors d'haleine.

LE CAPITAINE (d'un ton flatteur.)

Monsieur le président, à vous est tout l'honneur :
Vraiment vous présidez avec calme et froideur ;
Vous montrez un talent qui n'est pas ordinaire.

LE PRÉSIDENT.

Vous m'avez tous aidé fort bien dans cette affaire ;
J'en ferai mon rapport. Allez vous reposer.

(Tout le monde part. Le Président retient le Sapeur par le bras.)

Sapeur, demain matin tu viendras me raser.
Au nouvel inspecteur je vais rendre visite ;
L'occasion est bonne, il faut la saisir vîte,
Pour me recommander avec quelque succès.
O toi ! cher compagnon, témoin de mes hauts faits, [1]
O mon cher perruquier ! crois-tu qu'on se hasarde
A disputer mes droits acquis dans notre garde ?

LE SAPEUR.

Il faudrait celui-là qu'il eût un fier toupet.

LE PRÉSIDENT (avec satisfaction.)

Non, je n'en trouve point qui me vaille, en effet.
J'ai d'abord à la main cette large coupure.

LE SAPEUR.

Je sais, de votre épée en frottant la monture....

LE PRÉSIDENT.

Et mon genou démis, quand après maint effort,
Je tombai sur la place, épuisé, presque mort.

[1] Il n'est point de grand homme, comme on dit, pour son valet-de-
chambre.

LE SAPEUR (d'un air d'approbation.)

Je vous ai vu tomber fier comme un Charlemagne,
En montant le premier.... sur le mât de cocagne.

LE PRÉSIDENT.

Ah! sapeur, mon ami, tu dois en convenir,
Ma gloire ne craint rien qui la puisse ternir.
Je ne me fais qu'un jeu de telles cicatrices,
Personne plus que moi n'a rendu de services.
Je sers depuis trente ans, et suis sûr depuis lors
De n'avoir pas manqué deux visites de corps.
Pour quelque grand dîner faut-il se faire inscrire,
On me trouve toujours le premier à souscrire.
Qu'un de nos officiers rende son ame à Dieu,
Sur sa tombe je cours pour commander le feu.
Quel que soit le danger, enfin, quoi qu'il arrive,
Je suis le jour, la nuit, toujours sur le qui-vive.
J'ai sur le corps au moins deux cents processions.

LE SAPEUR (dans l'admiration.)

Et ce sont en été de chaudes actions.
C'est injuste, après tout, si l'on ne vous décore.

LE PRÉSIDENT.

Ami, laisse-moi faire; il m'en faudrait encore
A peu près....

LE SAPEUR.

Mais combien?

LE PRÉSIDENT.

                    Avec cinq tout au plus,
En comptant bien, j'aurai mes trente ans révolus.

Et j'ai l'orgueil de dire : Au moins, dans ma carrière,
J'ai servi constamment sous la même bannière.

LE SAPEUR (tout-à-fait convaincu.)

Ah! ma foi, c'en est trop. Après trente ans d'exploits
Sous la même bannière, on doit porter la croix.

FIN.

www.ingramcontent.com/pod-product-compliance
Lightning Source LLC
LaVergne TN
LVHW010916180726
843502LV00010B/4168